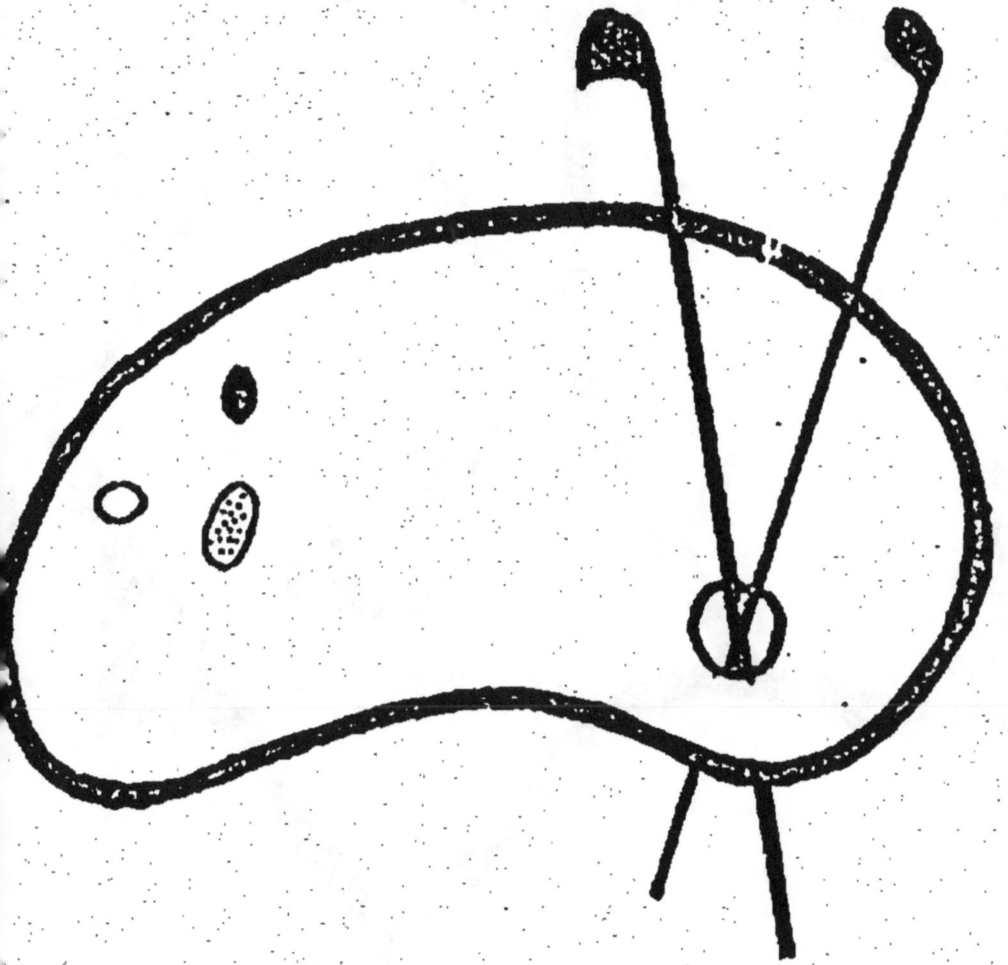

DEBUT D'UNE SERIE DE DOCUMENTS
EN COULEUR

Couverture inférieure manquante

LETTRE

DE

MONSEIGNEUR PLANTIER

ÉVÊQUE DE NIMES

SUR LA RESTAURATION DU GRAND ORGUE DE SA CATHÉDRALE

Inauguré le 6 juin 1863

SUIVI DES COMPTES-RENDUS DE RÉCEPTION D'ORGUES

De NIMES, AVIGNON, PREIXAN (Aude)
Sainte-Germaine de Pibrac

FAISANT PARTIE DES TRAVAUX

Exécutés dans le courant de la même année

PAR LA MAISON

PUGET PÈRE & FILS

FACTEURS D'ORGUES

Membres de l'Académie nationale et Manufactures de Paris

Rue St-Martin, 4, Toulouse

TOULOUSE
IMPRIMERIE J. PRADEL ET BLANC
PLACE DE LA TRINITÉ, 12

1864

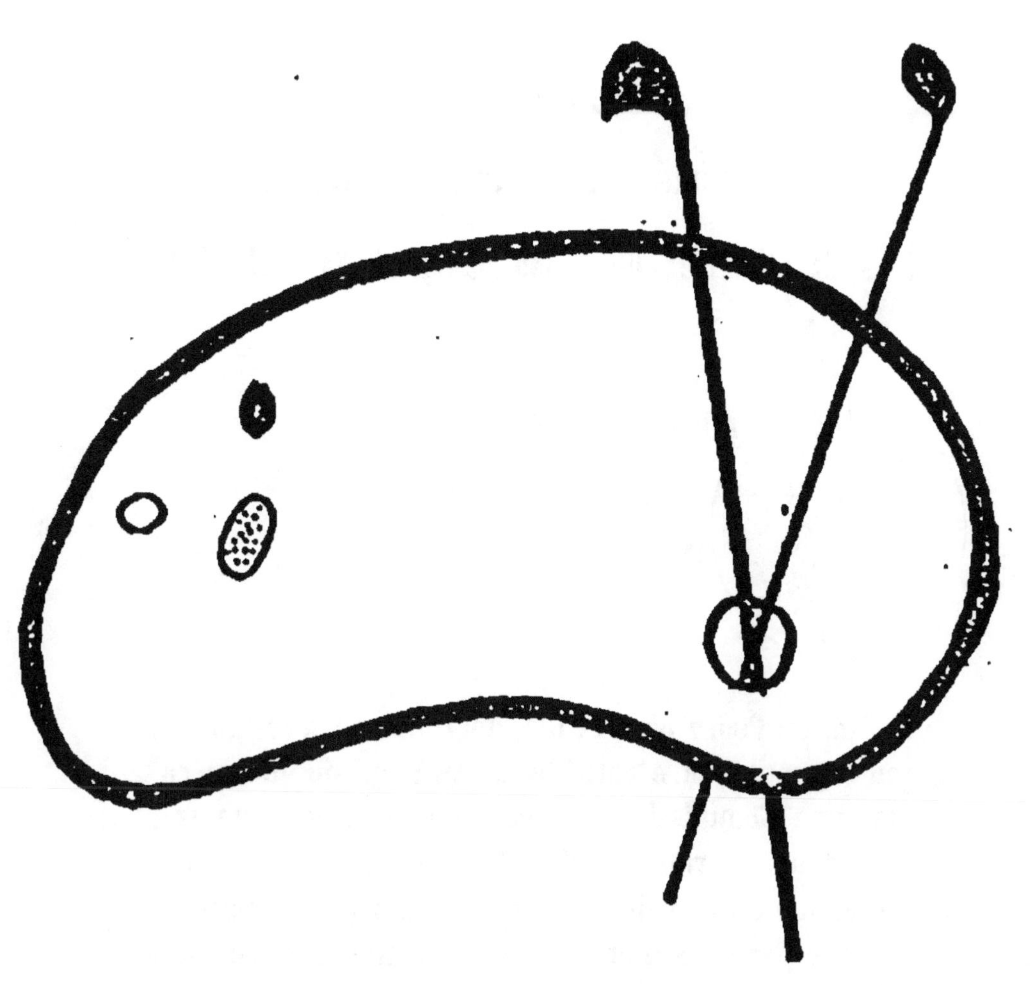

FIN D'UNE SERIE DE DOCUMENTS
EN COULEUR

LETTRE

DE MONSEIGNUR L'ÉVÈQUE DE NIMES

SUR LA RESTAURATION DU GRAND ORGUE DE SA CATHÉDRALE

PAR LA MAISON

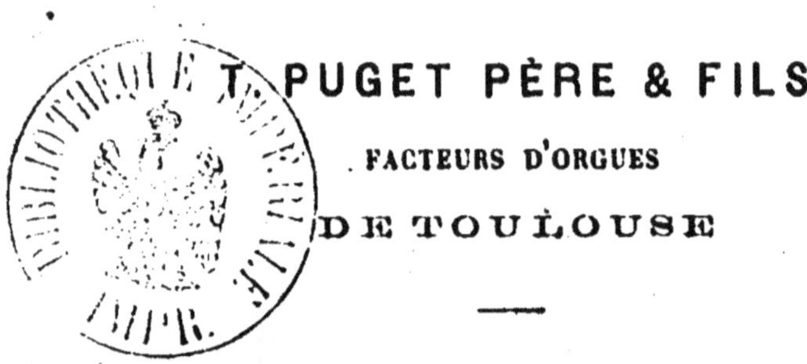

T. PUGET PÈRE & FILS

FACTEURS D'ORGUES

DE TOULOUSE

—

La Maison Puget père et fils, de Toulouse, a restauré le grand orgue de notre cathédrale. Au point de vue mécanique, une Commission formée d'hommes compétents a rendu, dans un rapport officiel, le meilleur témoignage à l'exécution du travail : autant qu'il nous a été possible d'en juger par nous-même, rien n'est mieux mérité que cet éloge.

Mais ce qu'il nous est surtout permis et précieux d'assurer, c'est que l'instrument est sorti de la réparation qui vient de s'accomplir avec un surcroît remarquable d'ampleur et de puissance. Le vent pénètre et se distribue bien dans les tuyaux, et donne aux diverses voix qui s'en échappent un accent régulier, soutenu, que n'altère aucun mélange fâcheux d'inégalité et d'intermittences.

Il nous a semblé aussi que les sons étaient d'excellente

qualité dans toutes les nuances. Nombreux et variés, les jeux peuvent se prêter à de riches combinaisons, aussi bien pour l'interprétation de la musique calme et douce que pour celle de la musique vigoureuse et brillante.

Enfin, les MM. Puget se sont acquittés de leur œuvre, non-seulement en artistes intelligents, mais en hommes d'honneur et de générosité. Ils n'ont pas craint de dépasser, sans espoir de compensation, les limites de leur programme, dans le seul but et avec la seule ambition de laisser dans notre cathédrale un orgue plus parfait, et un bon souvenir de leur passage.

Fait aux Eaux-Bonnes, le 28 juin 1863.

† HENRI,
Evêque de Nimes.

RAPPORT DE M. PELLET

ORGANISTE DE LA CATHÉDRALE DE NIMES

A Son Excellence Monsieur le Ministre des Travaux publics

SUR LA RESTAURATION DU GRAND ORGUE DE LADITE CATHÉDRALE

PAR LA MAISON

Théodore PUGET Père & Fils

Membres de l'Académie nationale et Manufacturière de Paris

FACTEURS D'ORGUES

Rue Saint-Martin, 4, Toulouse

Ayant reçu de son Excellence le mandat de surveiller les travaux faits à l'orgue de la cathédrale de Nimes, j'ai l'honneur de lui adresser aujourd'hui le rapport de ces travaux exécutés par MM. Puget père et fils, de Toulouse.

J'ai voulu, pour alléger ma responsabilité, m'entourer d'hommes spéciaux dont la compétence reconnue a facilité le travail du mandat que j'avais à remplir.

La Commission s'est rendue à la cathédrale le mardi 9 juin, à une heure de l'après-midi, et a procédé à la vérification de l'orgue en ce qui concerne la partie instrumentale; les travaux de consolidation feront l'objet d'un rapport spécial dressé par Monsieur l'architecte diocésain, dûment convoqué à cet effet.

La Commission s'est d'abord assurée du fonctionnement de la soufflerie, qui a été trouvée parfaitement étanchée, et possédant toutes les qualités requises pour l'alimentation égale et sans saccade de tous les jeux de ce grand instrument. Cette alimentation uniforme est due surtout à trois réservoirs que les facteurs ont établis au-dessous des sommiers du grand orgue et du récit; nous insistons d'autant plus sur le bon effet de ces réservoirs qu'ils ne sont pas portés sur le devis, et qui ont été placés par les facteurs, qui, une fois l'utilité reconnue, n'ont pas hésité à en faire l'application. De là, et toujours le devis en main, la Commission a suivi dans tous ses détails le fonctionnement des mécanismes de l'orgue qui ont subi de grands changements. Nous avons constaté l'excellent effet d'une machine pneumatique appliquée au second clavier sur lequel se font tous les accouplements. Il existait déjà une de ces machines, établie lors de la réparation de l'orgue par la Maison Daublaine et Callinet, en 1846 ; mais nous avons remarqué une supériorité de système dans celle que nous ont placé les MM. Puget. Le travail en est très soigné et d'une solidité à toute épreuve. Le clavier correspondant n'a pas, comme cela existe dans plusieurs instruments, une souplesse exagérée qui donne de la mollesse et rend le jeu de l'organiste diffus et embrouillé, mais il se fait remarquer au contraire par une souplesse agréable qui ne surprend nullement l'exécutant.

De nombreux accouplements sont venus changer la face de l'orgue ; des myriades d'effets nouveaux se produisent par le moyen de nombreuses pédales de combinaison.

Nous devons signaler encore le désintéressement des facteurs qui ont établi une pédale d'accouplement de l'octave grave au clavier de récit, laquelle n'était nullement portée sur le devis. L'emploi de cette pédale donne beaucoup de variété et des effets nouveaux dont l'organiste peut tirer un très grand parti. Nous avons examiné avec toute l'attention possible le mouvement de tout ce mécanisme et nous en avons admiré la disposition simple, peu embarrassante, et permettant un entretien commode (choses que ne possédait pas l'ancien mécanisme et qui en ont hâté la ruine).

La Commission s'est ensuite transportée aux étages supérieurs de l'instrument pour vérifier les nouveaux jeux, le sommier de récit avec sa boîte expressive et ses tuyaux, partie complètement neuve et fournie par la

Maison Puget. Nous les avons félicités d'avoir suivi la voie de progrès et donné à leur récit toute l'étendue d'un clavier d'orgue, c'est-à-dire cinquante-quatre notes ; puis à l'examen, nous avons reconnu avec plaisir que chaque jeu, chaque tuyau était de fine matière et d'une bonne épaisseur, possédant chacun un espace suffisant pour parler librement, sans être nullement offusqué, ni gêné par le voisin. La boîte expressive nous a paru solidement construite et dans de bonnes conditions d'épaisseur, et par conséquent de durée.

Dans la partie harmonique comme dans la partie mécanique, la Commission n'a eu qu'à louer MM. Puget de leurs procédés de facture ; tous les jeux, soit les anciens ou ceux ajoutés en 1846, et enfin ceux ajoutés dans la présente réparation, ont reçu une harmonisation parfaitement en rapport avec leur nouvelle destination. Nous avons remarqué surtout une grande majesté et une belle profondeur dans les jeux de fonds, c'est-à-dire dans tout l'ensemble des jeux de flûte : on doit cette profondeur aux nouveaux accouplements et surtout au jeu de quintaton de douze pieds, produisant trente-deux pieds aux pédales. Le grand jeu possède aussi une grande puissance et une belle rondeur.

Ce qui a captivé l'attention de tous, c'est la finesse des jeux de récit. La voix humaine est fort bien réussie, le haut-bois et les deux flûtes harmoniques sont parfaits ; mais le jeu qui a le plus attiré l'attention des membres de la Commission, c'est la voix céleste, dont le son est d'une suavité parfaite.

A l'audition de timbres si bien réussis, nous n'avons pu nous empêcher de regretter que l'insuffisance des sommes allouées n'ait pas permis aux facteurs de remplacer la bombarde en bois de pédales qui, quoique bonne en soi, ne donne plus aujourd'hui des basses d'une sonorité assez marquée.

En résumé, nous n'avons que des éloges à adresser à

MM. Puget du beau travail qu'ils ont fait, et nous avons pu constater qu'aucune idée d'intérêt ne les a guidés dans cette réparation, puisqu'ils ont placé à leurs frais et sans demander aucune subvention, trois réservoirs, une huitième pédale d'accouplement et un jeu de quinte au grand orgue pour remplir une place vide.

Ils ont voulu se faire honorablement connaitre dans nos pays et ils y ont très bien réussi. Tout est parfaitement fait et fonctionne bien, et la solidité de la main-d'œuvre nous fait présager une longue durée ; leurs jeux ont un excellent timbre, et l'entretien de l'orgue par les facteurs eux-mêmes nous donne la certitude de la parfaite conservation de leur harmonie.

En somme, nous déclarons l'orgue recevable et accordons des félicitations sincères à MM. Théodore Puget et ses fils, de Toulouse, qui d'un orgue médiocre ont su faire un des bons instruments que nous ayons dans nos contrées.

Et avons signé :

PELLET,
Organiste du grand orgue de la cathédrale.

L'abbé VESSIERRE, chanoine honor., directeur de la maîtrise.
Ph. BAISSADE, maître de chapelle.
GRIMALDI, organiste du grand orgue de Saint-Paul.
L. GUERIN, organiste de Saint-Charles.
H. AUMÉRAS, organiste de Saint-Baudile.
BELLIVIER, organ., accompag. à Saint-Paul.
GRIMALDI fils, organiste.

Nimes, 15 juin 1863.

Vu et approuvé :

BOUCARUT,
Vicaire général, président du conseil
de fabrique.

RÉCEPTION ET INAUGURATION

DU GRAND ORGUE

De l'église paroissiale Saint-Pierre d'Avignon

le 29 octobre 1863

ÉTAIENT PRÉSENTS :

MM. CARBONNEL, chan. hon. curé de la paroisse ;

RÉGNIER, organiste de la Madeleine, d'Aix ;

PELLET, organiste du grand orgue de la cathédrale de Nimes ;

BOSSY, organiste et maitre de chapelle à la Trinité, de Marseille ;

PROTTI, organiste de Saint-Vincent de Paul, à Marseille ;

SPENLÉ, organiste de la métropole d'Avignon ;

IMBERT, organiste titulaire de Saint-Pierre, d'Avignon ;

F. SEGUIN, organiste, compositeur de musique :

BARÈME,
DE LA BASTIDE, } Membres du Conseil de fabrique ;
GIRAUDY,

L'Abbé BOYER, de la Trinité, de Marseille, secrétaire rapporteur.

L'orgue a été béni par Mgr Sarmand, grand vicaire capitulaire.

Un remarquable discours de circonstance a été prononcé par M. l'abbé Boyer, de Marseille.

Le clavier a été tenu par MM. les organistes membres de la Commission.

EXTRAIT DU RAPPORT DE LA COMMISSION

CHARGÉE DE VÉRIFIER LES TRAVAUX DE RESTAURATION

DU GRAND ORGUE

De l'église paroissiale St-Pierre d'Avignon

FAITS PAR LA MAISON

Théodore PUGET Père et Fils

DE TOULOUSE

L'an 1865 et le jeudi 29 octobre, à neuf heures du matin, se sont réunis dans l'église Saint-Pierre d'Avignon, sous la présidence de M. Carbonnel, chanoine honoraire curé de la paroisse, les membres de la Commission nommée d'autre part.

Après avoir entendu la lecture du devis proposé par MM. Puget, les membres de cette Commission ont, d'un avis unanime, reconnu qu'un problème avait été donné à résoudre à ces facteurs. Il s'agissait en effet de conserver dans son intégrité un instrument de facture italienne, renommé pour la beauté de quelques-uns de ses jeux, mais surabondamment pourvu de jeux de menue taille, tels que : larigot, tierce-nazard, picolo, cymbale, doublettes et autres. Le sommier et les divers mécanismes destinés à appeler les jeux, quelqu'étranges qu'ils puissent paraître à quiconque est initié à la facture moderne, devaient être conservés aussi, et il fallait asseoir sur cette base ou mieux poser à côté d'elle, l'édifice des additions par lesquelles on voulait donner à l'ancien orgue plus de puissance et de variété.

C'était là une opération délicate, la Commission l'a

déclaré tout d'abord, et elle a procédé ensuite avec le soin le plus minutieux à l'examen des travaux, afin de s'assurer si le problème avait été heureusement résolu, et d'en rendre témoignage au Conseil de fabrique qui l'avait investie de sa confiance.

Les jeux de l'ancien orgue ont d'abord été entendus séparément et note par note, et il a été constaté que : les flûtes de 16 et de 8 de la pédale, ainsi que les flûtes conique et cylindrique du grand orgue n'ont subi d'autre altération que celle qui résulte nécessairement du changement d'emplacement et de la différence de pression dans la soufflerie, mais qu'elles conservent la belle sonorité qui avait fait la réputation du vieil orgue de Saint-Pierre, et qu'enfin les notes qui ont dû être ajoutées, soit aux flûtes du grand orgue, soit aux flûtes de 8 et de 16 de la pédale, s'harmonisent parfaitement avec les anciennes, et sont en tout point dignes des tuyaux de Piantanida.

Les jeux de récit expressif ont été entendus ensuite : c'est ici une partie importante des travaux exécutés par les MM. Puget. La Commission se plaît à déclarer que les dix jeux dont ce clavier se compose atteignent le but que les facteurs avaient en vue et réalisent les promesses de leur devis ; ils ont voulu donner à l'orgue de Saint-Pierre une gravité qu'il n'avait pas, en dépit de la beauté de ses flûtes. Or, de l'avis de tous, le fond d'orgue de Piantanida était pauvre et n'enveloppait pas suffisamment les voix stridentes des jeux de mutation, relativement trop nombreux. Les bourdons complets de 16 et de 8, la gambe de 8, les flûtes harmoniques de 8 et de 4 introduits dans ce récit de 54 notes, font disparaître cette lacune ; ils voilent convenablement l'acuité des jeux de menue taille, nourrissent abondamment l'harmonie générale de l'instrument et lui donnent une ampleur remarquable.

Sous le rapport de leur harmonisation, les différents jeux dont il vient d'être question, non plus que la trompette harmonique et le clairon ne laissent rien à désirer.

Les jeux d'imitation sont peu nombreux dans ce récit, ils ont dû céder la place, pour des raisons données plus haut, à des jeux plus indispensables qui manquaient à l'ancien orgue; mais il est juste de constater que les deux qui s'y trouvent parlent avec leur timbre spécial. Le haut-bois et le basson surtout, pour la vérité du cachet, sont des jeux parfaits.

Une si belle qualité de son, soit dans les jeux pris séparément, soit dans leurs différentes combinaisons, soit dans le grand chœur, indiquait clairement que ces jeux étaient construits dans d'excellentes conditions; que les mécanismes destinés à les appeler et à les faire parler s'acquittaient convenablement de leurs fonctions respectives, et qu'enfin l'élément vital de l'instrument, l'air, était fourni abondamment à toutes les bouches. Pour s'en assurer mieux encore, les membres de la Commission sont montés à la tribune, et pénétrant dans l'intérieur de l'instrument, ils ont admiré d'abord le parti merveilleux que les facteurs ont su tirer d'un emplacement si exigu. La disposition des mécanismes est aussi heureuse que possible : des réservoirs placés sous les sommiers du grand orgue et du récit les alimentent de près, sans altérations ni secousses. Des abrégés finement construits, transmettent avec précision les mouvements des claviers aux sommiers correspondants; les registres appelés, répondent avec docilité, toutes les fonctions enfin s'exécutent sans dureté ni raideur.

Les différentes pédales de combinaison, avec un mécanisme aussi simple que solide, produisent tous les effets prévus par le devis.

Les jeux ont la taille et l'épaisseur voulus par les lois de la bonne facture : les sommiers de pédale sont à double laye, ce qui permet d'appeler et d'alimenter séparément les jeux de fonds ou les jeux d'anches.....

En résumé, la Commission est heureuse de pouvoir constater les résultats suivants :

La partie mécanique et la partie matérielle de l'orgue ont été traitées avec un soin extrême, toutes les pièces sont proprement finies. Toutes les matières employées : l'étain des tuyaux, le bois des sommiers et de la soufflerie, etc., sont de bonne qualité et offrent les meilleures conditions de confection, de solidité et de durée.

La partie résonnante, celle qui offrait le plus de difficultés à cause de l'harmonie à établir entre un orgue de facture italienne déjà construit, et placé dans un nouveau et grand buffet à côté de jeux grands et nombreux de facture moderne, tout en maintenant à l'un et à l'autre son individualité ; la partie résonnante, disons-nous, a conquis tous les suffrages et a valu aux habiles facteurs les éloges les plus flatteurs et les mieux mérités.

Nous ne terminerons pas sans faire ressortir le désintéressement et la loyauté de MM. Puget : il est notoire que le raccord obligé de l'orgue de Piantanida avec les additions modernes, a exigé de leur part beaucoup plus de temps qu'ils ne le croyaient eux-mêmes, et que sous plusieurs rapports ils ont dépassé les conventions du devis avec une générosité dont la Commission, elle, ne peut leur tenir compte autrement que par des félicitations bien sincères (1).

Et les membres de ladite Commission, à l'unanimité, en déclarant les travaux exécutés par MM. Théodore Puget et fils à l'orgue de Saint-Pierre, recevables avec éloges, ont signé le présent rapport pour servir de procès-verbal de réception.

Et ont signé :

CARBONNEL, curé doyen. — BRÉMONT, curé doyen de Saint-Phorien délégué par M. Regnier.—BOSSY.—PROTTI.—SPENLÉ. — IMBERT. — SEGUIN. — BARREME. — De LA BASTIDE. — GIRAUDY. — L'abbé BOYER, rapporteur de la commission.

Pour copie conforme, signé :

Edmond de LA BASTIDE.

(1) Dans la séance où le conseil de fabrique a voté l'acceptation de l'instrument, ces Messieurs ont alloué aux facteurs 300 fr. à titre d'indemnité. (*Note des facteurs*).

RAPPORT

FAIT A MESSIEURS LES MEMBRES DU CONSEIL DE FABRIQUE

DE SAINTE-GERMAINE DE PIBRAC

Sur les travaux de l'Orgue construit par la Maison PUGET Père et Fils

FACTEURS A TOULOUSE

MESSIEURS,

En soumettant à notre examen l'orgue placé dans votre église, votre confiance ne nous a pas imposé une tâche pénible à remplir. Tout d'abord, nous avons dû constater avec un vrai plaisir que MM. PUGET et fils avaient eu à cœur, non tant de tenir les clauses et conditions d'un devis que de construire un instrument qui, même dans ses petites dimensions, fût le digne complément de la belle et religieuse église de la bienheureuse Germaine.

Ces habiles facteurs avaient de vraies difficultés à surmonter ; ils ont cependant tiré le meilleur parti possible du peu d'espace disponible pour établir un instrument qui n'a pas moins de 15 jeux. Toutes les parties de ce travail sont bien distribuées et parfaitement exécutées ; rien ne s'y trouve gêné ou embarrassé, si bien qu'on peut arriver avec la plus grande facilité dans telle ou telle partie qui nécessiterait des réparations.

La soufflerie composée d'un grand réservoir alimenté par deux pompes et les porte-vent sont confectionnés avec des matériaux de premier choix : ils offrent toutes les garanties désirables de solidité et de durée.

La construction du sommier du grand orgue et de celui du récit expressif est très bonne, et leur disposition, comme celle de toutes les pièces, facilitera le nettoyage ou la réparation accidentelle de ce qui est susceptible d'entretien.

Les tuyaux que soutiennent les sommiers sont fabriqués et disposés avec goût, quoiqu'ici encore les facteurs aient eu de grandes difficultés pour p'acer les tuyaux des basses de la trompette. Le choix des matières, le fini du travail, la délicatesse des soudures et du poli, tout annonce déjà la valeur intrinsèque de l'instrument. Les deux claviers à main et le clavier des pédales sont établis dans d'excellentes conditions et sont d'une douceur remarquable.

La boîte d'expression est aussi très bien construite et fonctionne parfaitement.

Si la partie mécanique mérite notre approbation, la partie harmonique n'est pas moins digne de nos éloges. Chaque jeu offre son véritable caractère : la qualité de son et l'harmonisation. très bien proportionnée à l'église, ne laissent rien à désirer.

Nous avons particulièrement remarqué l'excellence du cor anglais, des flûtes harmoniques, des gambes, de la voix céleste et du bourdon de 16, dont toutes les notes sont parfaitement accentuées. L'ensemble des jeux de fonds produit une sonorité grave et cependant pleine de douceur; le grand jeu enfin est puissant, sans rien avoir de strident, l'effet en est très satisfaisant.

En résumé, cet orgue d'un travail soigné et achevé pour le mécanisme, d'une belle qualité pour les sons et d'un excellent effet pour l'ensemble, fait honneur à ses facteurs, qui peuvent se rendre pleinement témoignage d'avoir rempli toutes les conditions des devis avec autant d'habileté que de conscience.

En conséquence, nous déclarons l'orgue de Pibrac recevable en tous points.

Et avons signé :

J. LEYBAC, organiste de la métropole de Toulouse.

DELOR père, architecte des hospices.

Aloys KUNC, membre de l'Académie pontificale de Sainte-Cécile et de celle des Quirites de Rome, maître de chapelle honoraire de la métropole d'Auch, *rapporteur*.

COMBES, maire de Pibrac.

Père LUSCAN, prêtre du Sacré-Cœur.

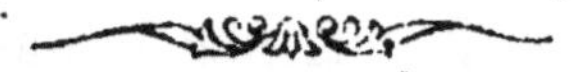

ORGUE DE PREIXAN

(AUDE)

Inauguré le 7 avril 1864

COMPTE-RENDU DE VÉRIFICATION

Nous, membres de la Commission chargée d'examiner l'orgue de l'église paroissiale de Preixan, après avoir pris connaissance du devis présenté par MM. Théodore Puget et fils, à Toulouse, sommes montés à la tribune dudit orgue, et avons constaté l'exactitude avec laquelle ils ont rempli toutes les conditions de leur devis.

Nous avons encore remarqué le grand soin apporté à la construction des claviers, qui fonctionnent avec une extrême facilité : il en est de même du mécanisme des registres dont le tirage s'opère sans raideur. Nous avons remarqué la bonne disposition des jeux sur leur sommier, et la qualité supérieure de la matière employée à leur construction. La soufflerie, placée dans le corps même de l'instrument, donne un vent très abondant et exempt de saccades et secousses.

La Commission a surtout remarqué l'excellent effet de la boîte expressive qui enveloppe tout l'instrument, et qui permet de produire les nuances les plus délicates de *forté* ou *piano*.

Nous avons enfin admiré la belle qualité des sons qui composent ledit instrument, et le grand nombre d'effets qu'on peut produire au moyen des pédales d'accouplements.

Il est juste cependant de faire une mention spéciale

pour les jeux de voix céleste, flûtes harmoniques, salicional, et enfin l'ensemble du grand jeu.

En somme, la Commission est unanime à reconnaître que les facteurs ont largement et loyalement rempli leurs engagements, en foi de quoi elle déclare l'instrument recevable en tout point.

Preixan, 7 avril 1864.

Et ont signé :

CHARLES SCHEURER,
Organiste de la cathédrale de Carcassonne.

CARTUFFE, chanoine de la cathédrale. — DARDENNES, chanoine de la cathédrale.—GASC, ch. h., aumônier de N.-D. de Marceille.— SAULNIER, architecte.— A. LACOMBE.—FABRE.—COLONDRE. — BAUSIL. — A. JOUY. — A. COSTE. — LAMOTHE. — BERNARD, curé de Preixan.

L'orgue a été béni par Mgr de la Bouillerie, évêque de Carcassonne, qui a donné aux facteurs une marque bien précieuse de sa satisfaction, ainsi qu'on peut le voir par les quelques mots suivants que Sa Grandeur a voulu apposer au bas du rapport :

« J'ai été très satisfait de l'audition de l'orgue de Preixan. »

† FRANÇOIS,
Evêque de Carcassonne.

TOULOUSE. — IMPRIMERIE JEAN PRADEL ET BLANC, PLACE DE LA TRINITÉ, 12.